SCIENCE.

LEÇONS
THÉORIQUES ET PRATIQUES
DU LIVRE
DE THOT.

MOYENNES CLASSES.

A AMSTERDAM,
Et se trouve à Paris,
Chez   Libraire,

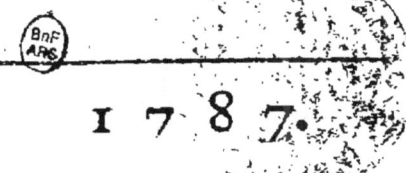

1787.

AVIS DE L'AUTEUR.

Nous avons cru qu'il étoit à propos, dans notre Collection sur les Hautes Sciences, divisée en douze petites Parties, de parler directement du Livre de *Thot*, qui est la principale source où nous avons toujours puisé nos connoissances & nos opérations cabalistiques. Ceci établi,

Nous y avons inséré, de préférence à tout autre Discours, notre premiere Leçon sur ce précieux Livre, offerte aux premiers Savans de l'Europe.

Ce Volume étant le quatrieme de notre Collection, le cinquieme sera le répertoire des divers moyens que les Philosophes ont pris pour reconnoître, s'il étoit possible, sans être ni Sorcier ni Charlatan, que l'on pût développer la chaîne de la vie des hommes.

Le sixiéme offrira l'une des galeries

du Temple de Memphis : le détail des hyeroglyphes qui y étoient gravés & sculptés, ne laissera pas à douter que l'Art de peindre a dû nous venir de ces premiers hommes, les couleurs leur étant absolument familieres, ainsi que le démontre la lecture du Livre de *Thot*, jointe à la connoissance que nous avons des superbes couleurs que trafiquoient les Phéniciens.

L'Art du dessin, ceux de graver, peindre & sculpter, se sont nécessairement suivis dans cet ordre que la raison nous indique.

SCIENCE.
LEÇONS
THÉORIQUES ET PRATIQUES
DU LIVRE
DE THOT.

1. Si l'on entendoit annoncer qu'il existe de nos jours, depuis 3957 ans, un Ouvrage des anciens Égyptiens, un de leur Livre échappé aux flammes qui dévorerent leurs superbes Bibliothèques, & qui contient leur doctrine la plus pure sur des objets intéressans, chacun seroit sans doute empressé de connoître un Livre aussi précieux, aussi extraordinaire. Si

A 3

on ajoutoit, que ce Livre est très-répandu dans une grande partie de l'Europe ; que depuis nombre de siecles, il y est entré les mains de tout le monde, la surprise iroit en croissant. Ne seroit-elle pas à son comble, si l'on assuroit qu'on n'a jamais soupçonné qu'il fût égyptien ; qu'on le possede comme ne le possedant point ; que personne n'a jamais cherché à en déchiffrer une feuille ; que le fruit d'une sagesse exquise est regardé comme un amas de figures extravagantes qui ne signifient rien par elles-mêmes ? Ne croiroit-on pas qu'on veut s'amuser, se jouer de la crédulité de ses Auditeurs ?

2. Le fait est cependant très-vrai. Ce Livre égyptien, seul reste de leurs superbes Bibliothèques, existe de nos jours : il est même si commun, qu'aucun Savant ne daigne s'en occuper.....

Messieurs,

Si feu M. *Court de Gébelin* s'étoit tenu au seul discours que vous venez de lire, ainsi que nous l'avons pris mot à mot dans son huitieme Volume du Monde primitif*, les Savans ne pourroient encore décemment garder le silence, soit qu'ils admissent le sentiment de ce grand homme, ou soit qu'ils se persuadassent que ce grave Antiquaire s'est mépris; ce qu'il faudroit de même démontrer.

S'il a été proposé & donné des prix pour des découvertes utiles, nous pouvons penser que celui pour reconnoître le *Livre de Thot*, ou de Dieu, des Hommes & de la Nature, ainsi que le lire couramment, n'a été omis que parce qu'on ne se figura jamais, comme dit *de Gébelin*, que le *Tarot*, ou mieux

---

* M. *Durand*, *neveu*, Marchand Libraire à Paris, vient d'acquérir le fonds de ce sublime Ouvrage.

...aroth, fût ce précieux Livre, écrit l'an 171 du Déluge.

Non, Messieurs, cet illustre Antiquaire ne s'est pas trompé, & vous en serez convaincus, lorsque la suite de nos Leçons vous démontrera d'une maniere évidente que l'histoire, alors récente, de cette grande inondation, nommée Déluge, y est absolument tracée. Lorsque vous remarquerez que ce Livre précieux, tant recherché des uns, absolument ignoré des autres, & enfin faute d'être à la portée d'aucun, relativement à l'histoire des premiers Egyptiens, a fait imaginer à plaisir des vraisemblances historiques pour des vérités certaines, écrites littéralement dans le Livre de Thot.

Avant de passer, Messieurs, à notre premiere Leçon, il seroit comme essentiel de préparer l'esprit des Lecteurs, soit pour les encourager à se lier avec nous dans les découvertes que nous espérons faire, soit pour les engager à ne point apporter d'obstacles à nos recherches (1), avouant de bonne foi aux uns & aux autres que nous n'avons encore pour nous que le desir de prouver à la Société & à la postérité que la sorte d'invitation de l'un des premiers Antiquaires de notre siecle n'a pas été infructueuse.

PREMIERE LEÇON,

Servant de modele pour les suivantes, si les Savans & les Amateurs veulent bien nous encourager de leur approbation.

Ayant le *Thatoth* complet, soixante-dix-huit lames, feuillets ou cartes, dans

---

(1) *Celui qui met obstacle à la communication des idées, est un ennemi public, un violateur impie de l'ordre social, un tyran qui s'oppose au bonheur des humains.* Essai sur les Préjugés, 1777.

les mains, il est indispensable de leur appliquer les nombres progressifs qu'ils avoient jadis, depuis 1 jusqu'à 77, plus le zéro-o, que porte le Fou, nommé *mat*.

En 1757, ayant simplement été prévenu, par un vieillard Piémontois, que les Cartiers ou Copistes du Livre de Thot avoient interverti l'ordre des nombres que portent les feuillets de ce Livre, après huit ans entiers de recherches, en 1765, nous avons cru avoir trouvé cette cote utile à la lecture d'un Ouvrage qui, comme le dit *de Gébelin*, *renferme en quelque façon la Science de l'Univers entier* ; & depuis ce tems, soit que nous ayons eu l'entendement borné, ou soit que pouvant lire couramment divers passages sous la cote des pages que nous avions trouvée, nous n'avons point pensé à en chercher une autre.

L'ordre des nombres arrêté, il est de même nécessaire de répudier tout ce qui est étranger aux hyéroglyphes égyptiens : cela est d'autant plus facile, que les Copistes qui se sont succédés y ont mis, suivant l'époque où ils vivoient, les objets relatifs à leur maniere de voir emblématique ; c'est-à-dire, que les Arabes plus encore que les Grecs, ont pû mettre en place *d'une lumiere*, qui écartoit les ténebres ou le chaos, un *Jupiter* ; & que les Italiens, ou mieux quelque secte contraire à l'Eglise Romaine, auront suppléé à ce second hyéroglyphe par la peinture d'un Pape, lorsque les Espagnols crurent devoir, en place de ces trois objets, y mettre un *Spadassin* ; & enfin à Colmar, presque récemment, un *Vieillard* représentant l'*Hiver* ; ce qui fait cinq changemens palpables seulement à notre connoissance.

Il en est de même du huitieme feuillet, qui offre, suivant les fabriques, au lieu d'*un superbe Jardin*, une *Junon*, une *Papesse*, une *Courtisanne* & la figure du *Printems*.

Si toutes les vérités, Messieurs, que nous avons à tracer, pouvoient, par notre foible plume, vous être rendues sensibles, nous serions comme certains, dans cette premiere Leçon, d'entraîner le suffrage général; mais nous en sentons la difficulté, & même l'impossibilité, ayant à traiter un sujet abstrait, &, pour nous exprimer comme nos Anciens, un sujet *inouï*, qui n'a jamais été divulgué par ceux qui le possédoient, & encore moins par ceux qui ignoroient son existence.

Ce qui, chemin faisant, Messieurs, pourra faire suspendre le jugement de quelqu'un des Lecteurs, sera leur réflexion sur la Science algébrique, qui, pour ceux qui la possedent, n'offre qu'un jeu, lorsque d'autres, n'ayant aucune notion de cette Science, regardent souvent, même sur ma table, une page de signes & de lettres comme le premier feuillet d'un grimoire.

Si les Copistes qui se sont succédés ont, à notre connoissance, effacé entierement cinq hyéroglyphes que nous vous citerons, ils n'ont pas dû davantage respecter la pureté de ceux qu'ils copierent successivement, d'après les copies qui leur étoient données.

Ils n'ont pas pu de même, en arrachant de ce précieux Livre les vrais accessoires des hyérogyphes, s'empêcher de les remplacer par des objets indignes de cette *Encyclopédie* des premiers Peuples de la terre.

C'est, Messieurs, en prenant comme nous dix jeux des Tarots, tous dix d'une fabrique différente, que vous rendrez quelque justice à nos premieres données, & qu'avec nous vous serez portés à penser que ce que nous opposerons à *de Gebelin*, qui ne vit jamais qu'un seul de ces jeux, celui de *Tourcaty*, ne sera pas dans l'intention de nous prévaloir sur un si grand homme.

A mesure que l'on ôte de cette copie du Livre de Thot les choses inutiles, on sent la nécessité d'en remettre d'autres indispensables à l'original ; ce qui n'est pas encore, comme on le pourroit présumer, bien difficile, puisque *Valérian*

Paradin, Bel-Estat, presque seuls Auteurs que nous ayons dans notre chétive Bibliothéque, nous découvrent la majeure partie des riches accessoires propres aux hyéroglyphes du Livre de *Thot*.

Vous concevez encore, Messieurs, que si le Tharoth est véritablement le Livre de *Thot*, qu'étant une fois remis tel qu'il étoit, cela doit en faciliter l'interprétation. Voyons un exemple donné par *de Gébelin*, & qui ne differe de notre sentiment que dans un seul objet, qui encore signifie la même chose, le nôtre n'ayant, à notre avis, qu'une expression plus forte.

Le hyéroglyphe dont il est ici question, est, par les Cartiers, nommé le *Monde*: *de Gébelin* a dû reconnoître qu'il étoit mal cité; aussi l'a-t-il appellé le *Tems*, plus vrai titre que ce hyéroglyphe pouvoit avoir, parce que le Tems est sensé renfermer le Monde ou la Nature physique, nom que nous lui avions donné dès les premiers jours de nos réflexions sur ce hyéroglyphe : au surplus, le Tems, le Monde & la Nature élémentaire ne sont que des mots, ou, si l'on veut, quelquefois des objets qui, à l'égard du langage hyéroglyphique, ne different que dans la disposition des lames, qui leur donne plus ou moins d'énergie.

Ce hyéroglyphe est par les Cartiers coté XXI, & *de Gébelin* ne le leur a accordé tacitement, quafin de n'avoir pas la peine de traiter cet objet, ce qui l'auroit ralenti dans son plan général du MONDE PRIMITIF.

Il faut que ce feuillet porte pour coté en arabe le nombre 5, & en égyptien +, & si l'on veut en romain le même nombre V.

Il faut non-seulement, comme l'a reproché *de Gébelin* aux Cartiers, la figure d'un œuf en place du cartouche oval, mais, disons-nous encore plus, dans la vérité hyéroglyphique, un serpent qui mord sa queue, en place de l'œuf d'Isis, ou de la Déesse Isis dans un œuf, ainsi que les Grecs peignirent dans deux œufs la naissance de *Pollux* & d'*Hélene*, & la naissance de *Castor* & de *Clytemnestre* ; parce qu'ici sans le serpent dans ce hyéroglyphe, il est impossible de lier le vrai historique hyéroglyphique, sur-tout ayant rapport aux Hautes Sciences magiques.

Ce serpent ayant la queue dans sa gueule, complette même infiniment mieux le sujet de *de Gébelin*, puisque le Tems est contenu dans l'emblême de l'Eternité qu'offre le serpent dans la situation où nous venons de le dire, sans pourtant aller contre, que ce hyéroglyphe (un serpent qui se mord la queue) signifie quelquefois, étant accompagné, comme l'a dit *Kircker*, les douze mois de l'année, que le Tems vu en général n'offre pas.

Au lieu de la ceinture ou *peplum*, comme l'admet *de Gébelin*, n'ayant vu, nous le répétons que le Jeu de Cartes fabriqué par *Tourcaty*, il faut que la nudité soit cachée, ainsi qu'une plus fidelle copie de ce hyéroglyphe l'a indiqué à *Benoît* de Strasbourg, par une ceinture de feuillage, ou sans quoi l'historique hyéroglyphique souffre une nouvelle lacune. Nous reverrons ce feuillet, lorsque parmi les autres il viendra au nombre que nous croyons le véritable suivant les originaux, n'oubliant pas de nous ressouvenir de prévenir les Lecteurs qu'il ne faut absolument qu'un bâton dans la main droite de la figure principale, & non un de chaque main, comme a fait *Laurent*, de Belfort en Alsace, en mal copiant ici *Tourcaty*, quoique *Laurent* ait retranché le Pape & la Papesse, lorsqu'aucun des Cartiers n'a eu l'intelligence de jetter en bas le Pendu, pour y suppléer la quatrieme Vertu, la Prudence.

De bonne foi, si ce Jeu n'étoit pas le Livre de *Thot*, nous nous embarrasserions fort peu de ce que chaque Cartier a mis, ôté & transposé, & peut-être nous-mêmes, en ne nous occupant pas des Sciences que cultivoient les Anciens, ne passerions-nous pas chez plusieurs de nos concitoyens pour un insensé, un *brûleur* de tems (1).

Cette premiere Leçon ne devant offrir que des données que nous approfondirons, passons à d'autres sujets.

Les nombres mis sur leurs lames, les hyéroglyphes épurés, & enfin les faux hyéroglyphes jettés en bas pour leur suppléer les véritables, ce qui en général est plus le fruit du tems que de la fatigue, il ne faut alors ni travail, ni étude, & même presque aucune réflexion pour voir que le Livre de *Thot* a été formé en quatre parties; la premiere, en douze feuillets; la seconde,

―――――――――――――――

(1) *Nous notons, dans la sincérité de notre cœur, que nous croyons plus perdre le tems lorsque nous cherchons à reconnoître la manière de lire l'Antique, que lorsque nous étudions ce Livre sous le seul point de vûe de la Divination, ou des autres Sciences Hautes.*

en cinq ; la troisieme, de même en cinq feuillets ; & la quatrieme en cinquante-six ; ce qui se rapporte au sentiment de *de Gébelin*, quoiqu'encore avec quelque différence du nôtre, & cela, disons-nous, parce que ce Savant, en nous indiquant une superbe carriere, n'a pas cru devoir la parcourir.

Les points d'appui de notre grave Antiquaire sont établis & imprimés en 1782 ; les nôtres, formés depuis 1757 à venir à 1765, ont été offerts transposés sur la *Cartonomancie françoise*, en 1770.

En 1781, sur le rapport d'un rigide Censeur, il nous fut fait défenses de les faire imprimer tels qu'ils le furent en 1783, sous un titre vague, lequel titre nous a valu un Censeur plus tolérant.

Cet Ouvrage ayant pour titre : *Maniere de se récréer avec le Jeu de Cartes nommées Tarots*, in-12, mille à onze cents pages & beaucoup de figures, n'a pu être copié d'après *de Gébelin* ; nous en avons même la preuve de date,

1781, par les regiſtres de l'adminiſtration générale de la Librairie, & celle 1783, par les regiſtres de la Librairie de la Police; voies que nous crûmes prendre pour nous accommoder au ſentiment de nos Cenſeurs.

Enfin, l'Ouvrage de deux ans de rédaction ayant été pour lors diviſé, en 1782, par petits Cahiers de cent à cent cinquante pages, ne pouvoit être ni une copie, ni une compilation : on le voit en comparant les lectures; on le voit d'autant mieux, que les Auteurs ſont ſouvent oppoſés l'un à l'autre; mais celui qui auroit le mieux fait, a négligé de le vouloir; & celui qui avoit de la peine à exprimer ce qu'il voyoit, a cherché à le rendre; & le talent du premier, & la volonté du ſecond, ſont néanmoins également prouvés, parce que les principales maſſes ſont rendues dans la vérité; comme le Livre de *Thot* l'offrira à tous Lecteurs.

Si *de Gébelin* eut dans la vérité cent piques de ſcience au deſſus de nous, les Savans, comparant notre Ouvrage en général sur le Livre de *Thot*, distingueront pourtant à cet égard qu'il fut de tous les tems notre solide étude (1), & au contraire que l'illustre concurrent que nous avons ne crut, d'après un sentiment aussi juste que rapide, devoir dire autre chose que ces mots : *le Jeu des Tarots est le Livre de Thot*, parce que, disons-nous, les preuves évidentes qu'il en a données sont souvent accompagnées, ou de vraisemblance, ou d'erreurs, que nous jetterons facilement en bas, en telle sorte que ce qu'il a dit de vrai, imitera le soleil qui fait valoir les corps sur lesquels il porte sa lumiere.

---

(1) *Si vous demandez à plusieurs Sociétés quel moyen Etteilla employe pour la Divination, elles vous répondront : Depuis dix, vingt & vingt-cinq ans, nous ne lui avons vu entre les mains que le Jeu de Tarots.*

Le Livre de *Thot*, sans être pur, c'est-à-dire tel qu'il est aujourd'hui, offre une clef que nous a parfaitement donnée *de Gébelin*, c'est celle du septenaire; mais il falloit ajouter que ce Livre, monté de sept en sept lames, ou, comme on le voit plus littéralement, ajusté sur les multiples de sept, forçoit l'intelligence à concevoir une clef numérique 1. 2. 3. 4. 5. 6. 7. (1) : alors ce Savant, les nombres sous les yeux, prouvoit qu'il avoit la plus grande raison de dire que les nombres, & *sur-tout* le septenaire, étoit d'un grand poids chez les Egyptiens. *De Gébelin* avoit trop de science pour ne rien croire, & trop de faux égards pour le dire tout haut : nous verrons plus loin si cela n'est qu'une hypothèse.

―――――――――――

(1) *On ne peut pas trop recommander aux Lecteurs de ne point perdre de vue cette découverte; elle est la premiere sur laquelle nous nous appuyons.*

Le Livre de *Thot* sous les yeux, ayant reconnu l'un des alphabets du second rang, c'est-à-dire le septenaire, ou, si l'on aime mieux, ayant apperçu que le nombre 7, soit dans les feuillets multipliés par parties, soit dans leur division, pour en former des Livres qui répondent aux figures, se fait par-tout remarquer ; on soupçonne que 1. 2. 3. 4. 5. 6. 7. est un alphabet, plus voilé que le Septenaire, il est vrai, & plus scientifique.

Effectivement cela est ; & même en ayant l'intelligence de ce premier alphabet du second rang 1. 2. 3. 4. 5. 6. 7. on le sçat d'autant plus indispensable, que sans lui on croiroit découvrir une faute de science, impardonnable chez les premiers Egyptiens, & que les Antiquaires commettent perpétuellement lorsqu'ils lisent les hyéroglyphes un à un.

D'un autre côté, traçant 1. 2. 3. 4. 5. 6. 7. ou divisant ce Livre en quatre parties, la première forcément en douze feuillets, parce que les hyéroglyphes l'indiquent, on cherche si 12 n'a pas quelque rapport à l'alphabet 1. 2. 3. 4. 5. 6. 7. on voit que oui, en retirant dans la plus grande simplicité de ces sept nombres le centre 4 & les deux extrémités 1 & 7, qui tous trois additionnés 1+4+7=12 & 2. 3. 5. 6. ne sont-ils pas des nombres précieux pour notre objet ? oui, sans doute ; mais prenons de l'ordre.

Le septenaire indique bien naturellement un nombre sept ; seroit-ce un alphabet ? Essayons, en prenant la somme de la progression arithmétique 1. 2. 3. 4. 5. 6. 7. = 28 (28 = 1. 28) 7 = 4. 28) 4 = 7. ce qui ajouté à l'inspection du Livre, se divisant en quatre, nous renvoie à notre premier sentiment, que nécessairement les Egyptiens ont monté leur alphabet sur 1. 2. 3. 4. 5. 6. 7. qu'il faut que le Livre soit divisé en 4 parties, & enfin que ces nombres 1. 4. 7. renfermoient un grand mystere,

mystere, ainsi que ceux 2. 3. 5. 6.

Tout cela pourroit annoncer le *jeu* simple des nombres, si tous les Antiquaires n'étoient pas d'accord que les nombres étoient dans la plus haute vénération chez les Anciens, & que sur les nombres, au rapport de *Vitruve*, tout étoit ajusté. Pourquoi le Livre de *Thot*, dont les hyéroglyphes en donnent la preuve palpable, seroit-il privé de ce scientifique ?

Voici, si l'on veut bien le dire, la continuation de ce *jeu* des nombres d'une maniere encore plus subtile: $1+4+7=12$; alors portant notre mémoire sur l'Histoire sacrée & prophane, & jettant nos regards sur les douze premiers feuillets du Livre de *Thot*, l'Histoire est si évidemment la même, qu'on est forcé ou de croire que tout part d'un seul original très-ancien, ou que, comme l'a dit un assez foible Ecrivain sur l'Antique (*Idée générale de la Théologie payenne*, 1699), que le Peuple reconnu pour le plus moderne a été copié par les plus anciens.

Ce nombre $= 12$ se rapportant aux douze premiers feuillets, indique peut-être quelque objet très-intéreſſant : eſſayons de mettre en addition 1. 2. 3. 4. 5. 6. 7. 8. 9. 10. 11. 12. $= 78$.

Eſt-ce que le Jeu des Tarots, demandera celui qui nous entend, eſt compoſé de 78 feuillets ? Oui ; & vu ſa compoſition, il eſt impoſſible qu'il y en ait eu moins & que l'on ait pu en faire entrer un ſeul de plus.

Si le *jeu* des nombres en demeuroit là, quoique toujours en rapport avec le Livre de *Thot*, nous dirions peut-être avec les ſots : *voilà un ſingulier haſard*, qui part du ſeul indice du ſeptenaire ; mais le *jeu* des nombres & celui des hyéroglyphes ou du Livre entier vont bien autrement loin, & ſans jamais tirer, comme on dit, par les cheveux ni les nombres, ni le diſcours.

Notre reſpectable Antiquaire nous

a donné une petite partie des Roue- que nous avoit déja transmis *Ticho Brahé*, dans son *Calendrier magique*, par *Théodore de Brie* (1), 1582; mais ce sont là proprement des jeux, & non la vraie science des nombres, sur laquelle presque tous les Sophistes & les Réfutateurs ont bredouillé, & déraisonneront toujours.

---

(1) Messieurs les Amateurs d'Estampes ignorent, je le sais, que cette Carte est aussi rare qu'aucuns des jolis sujets de cet habile Graveur. La célebre vente de Mariette, faite par M. Basan, homme à qui l'Estampe doit son prix d'aujourd'hui, & par conséquent le plus de soins qu'on lui donne, & soit dit en passant, le talent des Graveurs mieux payé que sous les Edelink, Drevet, Maçon, G. Audran; cette vente, dis-je, m'a procuré deux de ces Cartes; mais ma bonne confiance m'en a fait perdr une. Cette Carte copiée & beaucoup allongée, n'est pas bonne; je suis fâché de le dire, mais la science m'y engage.

Il faut, je l'ai fait dire aux Encyclopédistes de notre siecle, pour traiter de la Magie, être Magicien, comme pour parler de biscuits, être Pâtissier. Revenons.

Le Livre de *Thot*, séparé en quatre parties, on y lit couramment, la *Genèse* à la main, la création du Monde, & quelques annotations sans doute ajoutées par les premiers Egyptiens; ce qui, selon notre sentiment, ne la rend pas plus parfaite, mais plus complette.

Dans la seconde partie, c'est tout bonnement l'homme dégradé, chassé d'Eden ou du Paradis qui étoit sur la terre.

Dans la troisieme partie, on y voit l'homme soucieux & néanmoins orgueilleux, c'est-à-dire, accablé de la vengeance divine par mille infirmités auxquelles il est sujet, & par la malédiction perpétuelle qu'il s'attire des hommes & des animaux mêmes, qu'il a le honteux plaisir de tourmenter d'une maniere féroce & diabolique.

La quatrieme partie, ou le 4e Livre que *Démocrite* & *Héraclite* ont sans doute apprécié, moins cependant par rapport au fond, qu'eu égard à la maniere d'exalter leurs idées, est le répertoire de ce qu'est l'homme considéré sous tous ses points de vues & rapports qui l'enserrent, le balotent & le conduisent sur le grand fleuve de la vie, où il est tantôt porté dans le havre & le plus souvent jetté dans une île où il ne voit que rochers & précipices, & c'est là le cas où nos deux Sages pleurent & rient de pitié.

» O homme! qui aujourd'hui ou demain mériteras peut-être d'être naufragé dans une île déserte, tel est ton asyle; considere les admirables rapports qui sont de ton Créateur à toi, de toi à la Nature & de toi à toi-même, tu n'offenseras plus tes semblables, & tous te tendront une main protectrice; ton île déserte te semblera un palais; les monstres qui sont dans ton sein & qui te déchirent encore sous les apparences de lécher tes plaies, s'évanouiront, & le Génie qui plane sur ta tête, en attendant les effets de ton repentir, te conduira dans le sein du troupeau d'où tes folles démarches t'ont autant fait bannir, que tu crois par ta propre volonté t'être expatrié.

C'est en ayant divisé le Livre de *Thot* en quatre parties, que l'on remarque que la quatrieme demande à être animée par les trois précédentes ; c'est-à-dire, qu'il faut pour que cette quatrieme ne semble pas imparfaite ou un chaos, développé par les tourbillons de *Descartes*, dont on a chanté la science lorsqu'il ne proposoit que de l'art, que les trois précédentes parties viennent ici, dirons nous de même avec art, lui faire tenir un langage intelligible. O Livre des premiers Egyptiens ! quel Savant t'eût mieux approfondi que notre sublime concurrent ? Il est mort dans la misere !

En considérant ce que nous avons à

dire, nous sentons que la Nature ne nous a pas aussi favorablement organisés que les *Aristote*, les *Descartes*, & beaucoup d'autres, & même presque sous nos yeux *Swedemborg* le Suédois ; néanmoins dans le peu que nous avons à offrir de la science, de l'intelligence & de la *subtilité* des Choens ou premiers Prêtres d'Egypte, on verra que ces Sages, qui vivoient il y a quatre mille ans, n'ont pas encore été surpassés.

Afin de prévenir nos Lecteurs du chemin assez aride par où il nous faut de nécessité marcher, nous disons : le Livre de *Thot* est monté sur dix alphabets principaux, & soixante-dix-sept petits alphabets, qui se font entendre sans aucunement les étudier. Voici les dix dans l'ordre où nous allons les offrir.

1. Le numérique.
2. Le cabalistique.
3. Le hyéroglyphique.
4. La cote des pages.
5. Le septenaire.

6. Les 40 ou quatre denaires. 3.
7. Le denaire des bâtons. . . 1.
8. Le denaire des coupes. . 2.
9. Le denaire des épées. . . 3.
10. Le denaire des deniers. . 4.

Le Livre de *Thot* est monté sur un seul & unique alphabet numérique; c'est avec sa parfaite intelligence, du moins nous le présumons, qu'il n'est besoin d'aucun autre alphabet pour lire couramment le Livre de *Thot*, dans tous les milliers de sujets, de quelque nature qu'ils soient; &, dirons nous aux Savans, c'étoit là le seul langage scientifique, les seuls caracteres sacrés, enfin les seuls & uniques symboles qui n'étoient qu'aux premiers Prêtres Egyptiens.

1. Le premier, le grand alphabet de ce sublime Ouvrage, est composé de sept nombres,

Chif. Arab.	1	2	3	4	5	6	7
Chif. Egypt.	1	Λ	A	□	+	⹀	++

Mais quels sont les hommes aujourd'hui qui peuvent avoir l'intelligence de cet alphabet que l'on voit diftinctement? ceux, répondrons-nous, s'il en est encore, qui paroissent n'avoir pas la volonté de le rendre public.

Ce premier alphabet est sans doute la clef des *Sciences magiques* que cultivoient les premiers Egyptiens; Sciences qui dégénérèrent chez les seconds, & furent chez les troisièmes, après *Mercure Trismégiste*, presque totalement éteintes, si on en excepte deux ou trois premiers chefs des Choens à qui elles étoient transmises.

Nous remarquons, qu'après que *Memphis*, la première & l'une des plus florissantes villes de l'Egypte, fut entièrement démolie, rasée & dévastée par les ennemis de toutes Sciences & de toute humanité, ou enfin par la jalousie, les Choens ayant eu nombre de fois à lutter contre la tyrannie & l'idolâtrie des Grands & du peuple, & même contre la Nécromancie dont les Chaldéens avoient infecté la nation, qu'alors les derniers vivans de ces Sages, vers le tems d'Alexandre *dit* le Grand, se retirerent dans l'Inde, dans l'Arabie, & même dans la Gaule, d'où sont provenus nos Druides. Ce que nous savons à ce sujet mérite d'être tracé.

Vers le regne des premiers Egyptiens (1), les Chaldéens, avant la fon-

─────────────────────────

(1) Il est bien particulier que de graves Antiquaires veulent établir que les Egyptiens ne furent pas les premiers Peuples de la terre, parce qu'ils auroient préféré les bords de l'Euphrate & autres pays plus praticables; mais en leur passant les raisons qu'ils pouvoient avoir, découvre-t-on un Peuple plus ancien qu'eux, vivant réuni, ayant des Sciences & des Arts réglés, & cela n'est-il pas plus que suffisant pour prouver qu'ils furent, comme ils l'ont dit eux mêmes, les peres de toutes les Nations qu'ils voyoient naître & se policer? Mais on confond les tems, & voilà ce qui a toujours jetté dans l'erreur sur l'antiquité des Peuples & de tout ce qui les concernoient.

dation de Babylone, s'adonnoient à la Science de l'aspect des Astres; mais, errans, ils ne purent volontiers qu'étudier ce que nous nommons l'*Astrologie naturelle*: le tems rouge le soir, & blanc le matin, est la journée du Pélerin.

Que les Chaldéens aient poussé cette Science infiniment loin, tout nous le dit, lorsque nous jettons les yeux sur les Livres saints, & même aujourd'hui sur les gens qui travaillent à la terre & sur ceux qui ont la garde des bestiaux.

Les Egyptiens vivant en police, n'étoient sans doute pas aussi bons Astrologues que les Chaldéens; mais ils étoient beaucoup plus Astronomes qu'eux: car, soit dit sans faire tort à quelques Auteurs d'un sentiment opposé, faute d'avoir égard au tems, que si l'on veut l'on peut reculer, les Egyptiens étoient fixés lorsque les Chaldéens, même du tems d'*Abraham* le Chaldéen, étoient encore errans. Quoi qu'il en soit, les Egyptiens divisoient leurs années en trois cents soixante

B 6

jours, auxquels ils en ajoutoient cinq & six heures, & le soleil occupoit le centre de notre Univers.

Ils avoient la Science des comètes & des éclipses, mais non celle des ellipses; car tout mouvement rapide leur paroissoit absolument établi sur un cercle parfait : comme on peut le voir dans le Comte *de Pagan*, 1658, d'une famille illustre, & ici principalement aussi grand Astronome que bon Astrologue.

Que le célebre *Ptolomée* ait mis la terre au milieu, ainsi que le Savant *Ticho-Brahé*, Gentilhomme Danois, on sent que ce fut pour s'accorder avec des passages de l'Ecriture; ce qui, au fond, ne faisoit aucun tort à l'Astronomie, les phénomenes se considérant absolument les mêmes.

Les premiers Egyptiens, c'est une remarque que nous avons faite & dont nous avons parlé ailleurs, en admettant comme nous le soleil au centre, lui donnoient néanmoins un orbe à décrire & une révolution péridiodique sur lui-même; & cela nous paroît d'autant plus vraisemblable, que le soleil, qui, au fond, n'est qu'un astre éclairant, comme il en est sûrement une multitude d'autres de la même nature, rentre dans la loi d'un mouvement général, que l'esprit humain ne devroit jamais perdre de vue.

On sait de même que la division du cercle chez les Egyptiens étoit telle que la nôtre en 360; mais combien de manuscrits n'ont-ils pas été brûlés, non-seulement par les impies de la raison, mais par ceux qui ont volé les Anciens! De tout tems on s'est, je crois, emparé du bien d'autrui; heureusement qu'il n'est ici question que d'écorce, de peaux de jeunes brebis, de tablettes de pierre & de métal, & plus récemment de feuilles de papier.

Sous les seconds Egyptiens, le même laps de tems avoit nécessairement amené les seconds Chaldéens, ainsi de tous les Peuples qui de la famille de *Noé* se perpétuoient & se multiplioient; mais ce second Peuple, dont nous fixerons l'époque, devint jaloux des Egyptiens & chercha à les imiter.

Si les Chaldéens, à la volonté d'opérer des merveilles, eussent pu ajouter la science apprise des Egyptiens, ils n'eussent, sans doute, point pris la Nécromancie vers l'époque du premier *Pharaon*, contemporain d'*Abraham*, pour la haute Magie des Choens.

Chez les seconds Egyptiens, fut aussi l'époque où commença le Peuple d'Egypte à s'irriter de n'être pas initié dans les hauts mysteres des Sages, il imita lui-même les Chaldéens & autres nations, telles que les Syriens ; c'est-à-dire, qu'il mêla la Science naturelle de l'aspect des Astres avec l'honreuse magie des Enchanteurs de la Chaldée.

Sous les troisiemes Egyptiens, un certain nombre d'années après *Moyse* le Législateur qui fut instruit chez les Choens d'Egypte, tous les Peuples, & même celui d'Egypte, embrasserent la Magie noire, & les Hébreux, comme on le sait, n'en furent pas plus exempts; tous, qui plus ou moins, firent état & marchandise de Science naturelle, mêlée de sortilege, ou si l'on veut, de l'inspection du passage des Astres en tels ou tels signes, & dans ces momens conjurant au nom de Dieu les Esprits infernaux de faire du bien ou du mal, suivant la volonté des Enchanteurs: ignorance la plus grossiere, qui, produisant des temples à la plus odieuse idolâtrie, se perpétua jusqu'au moment où la saine Philosophie vint enfin s'établir en Europe dans le dix-septieme siecle.

Pour démêler le vrai du mensonge historique, il ne faut pas, comme trop d'Historiens l'ont fait, considérer les Nations sous une seule époque; n'eût-elle fait que passer, elle en a eu au moins trois, son ignorance, sa science & son ignorance, qui la remet où elle a été.

Au rapport de quelques savans Ecrivains, on porta l'impéritie jusqu'à admettre des hommes incarnés dans le sein des femmes, des filles & des veuves; les uns étoient réputés Dieux avant ou après leur mort; les autres seulement de leur vivant; enfin, dans l'Egypte même, où plus que par-tout ailleurs on avoit annoncé un seul Être suprême, il s'y vit de prétendus hommes incarnés, & les débris de la populace, après avoir évité, par la fuite, le glaive des tyrans qui avoient saccagé, pillé & brûlé leur pays, adorerent jusqu'à des oignons.

C'est en ne confondant pas les tems, nous ne cesserons de le répéter, qu'on sentira la vérité de l'Antique s'accorder avec la raison, les anciens monumens & les ouvrages des vrais Antiquaires, les oignons n'ayant jamais été regardés que pour des oignons propres à manger, & non comme des Dieux immangeables chez les premiers Egyptiens.

Le grand alphabet numérique étant perdu ou seulement ignoré par le silence & la discrétion des Choens & de ceux qui ont eu le bonheur, de génération en génération ou de siecle en siecle, d'être leurs disciples & les dépositaires de leurs Sciences, parce que nous affirmons qu'il est des Sciences pour l'homme plus hautes que celles qu'il cultive,

2. Le second alphabet du premier rang, la vraie écriture cabalistique, dut s'évanouir, malgré, disons-nous, que chez les seconds Egyptiens elle fut encore à la connoissance de tout le monde.

L'écriture ou mieux les lettres cabalistiques n'étoient pas un mystere, comme s'y sont mépris bien des Savans, & moi-même, les nombres même, comme nombres, n'en étant pas un; la seule différence étoit que l'on apprenoit publiquement à lire les mots & par conséquent les phrases formées avec les lettres cabalistiques, mais non pas les discours formés avec les chiffres. Il s'ensuit une chose aussi étonnante que peu connue, & sans doute aussi merveilleuse; la voici:

Les nombres étoient les lettres, & les lettres étoient les nombres, & les uns & les autres ne surpassoient pas la quantité de douze, tels que nous les offrons *.

---

* M. l'Abbé Roussier a fait voir, dans son excellent Mémoire sur la Musique des Anciens, que le système complet de cet Art, possédé par les Egyptiens, étoit formé de douze quintes, ajoutées les unes aux autres, & qu'il n'en contenoit ni plus ni moins. Un Auteur anonyme, qui vient de faire une découverte sur le tempérament, a substitué douze quartes à ces douze quintes, qui, outre les résultats exacts qu'elles fournissent dans ce même tempérament, de notre système actuel, reconnu par M. l'Abbé Roussier être le même que celui des anciens Egyptiens, ont le précieux avantage de s'assimiler aux tétracordes du système musical des Grecs, que cet estimable Auteur nous a dit, avec grand fondement, être une portion démembrée de celui des Egyptiens (1).

(1) La découverte du tempérament par quartes, se trouve chez le Duc, Marchand de Musique, à la suite d'une Méthode pour le Forte-Piano.

Egyptien I Λ A □ + ≡ ++
Arabe   1 2 3 4 5 6 7

Ces derniers mis } ⊟ ≣ T V ▭ O
seulem. pour nous } 8 9 10 11 12 O
faire entendre.

Les nombres étoient fixes, & les lettres variables; c'est-à-dire, que ces caracteres en tant que nombres ne faisoient uniquement que changer de place; & au contraire comme lettres, non-seulement de changer & même de rester droites, comme si elles eussent été des nombres, on étoit le plus souvent obligé de les renverser, d'en lier plusieurs ensemble, & enfin d'en employer une seule plusieurs fois; mais ces lettres à côté les unes des autres, comme nous faisons de deux *ll* dans le mot *elle*, ou de deux *tt* dans le mot *lettre*, &c, ne formoient pas seulement un seul mot, mais souvent plusieurs, ou tout un discours.

On accouploit les deux lettres I. Λ. en cette sorte A; & sans doute de ces deux lettres accouplées, que l'on voit sur les anciens monumens d'Egypte, ont été formés l'Æ ou Œ gothique & le V séraphique.

A la lettre ▭, on ajoutoit celle-ci I transversalement; & ajoutant encore cet I à la transversale du milieu, on formoit ce caractere ▭⊦ si multiplié dans ce qu'on appelle en terme de petite Magie, ou d'ignorant qui se donne pour l'entendre, un caractere magique, lorsqu'au contraire c'est une superbe lettre égyptienne, composée de deux & même de trois lettres, formant en françois un discours au moins d'une page.

On doubloit les lettres, on les triploit, & même on les quadruploit, mais non de maniere qu'elles imitassent celles qui existoient. Exemple :

Cette lettre I pouvoit être doublée & triplée en ce sens III, mais jamais transversalement ☰ ☰; car ce sont là deux lettres qui étoient reçues, & ces trois mêmes lettres ☰ ☰ ☰, lisant de droite à gauche, ne répétoient pas, pour nous faire entendre, 9. 9. 9. mais un discours suivi.

Si on employoit cette lettre I deux

fois en ce sens ⊐, il falloit y ajouter au moins la même lettre I obliquement située Z, ce qui a sans doute donné naissance au Z & à l'N.

Au zéro o si on ajoute la lettre I telle que la voici ɸ, on reconnoît sur-le-champ une lettre grecque. Enfin, les douze lettres égyptiennes se lioient, se renversoient & s'accommodoient en tous sens ; & c'est ce qui peut se justifier sur les vrais monumens égyptiens & sur les fidelles copies gravées qui en ont pu être faites, en attendant que nous en donnions la preuve, aussi palpable qu'irréfutable, dans nos suivantes Leçons.

Quelle fut l'époque des chiffres ? aussitôt après la naissance de l'homme. D'où vint leur figure ? des lignes droites & d'un seul cercle parfait, qui étoit leur zéro, & devenoit comme à nous l'indicateur des dixaines, des centaines, des mille, &c. 10. 100. 1000. & les chiffres trouvés, il fut inutile aux hommes d'aller chercher des caracteres pour des lettres, à moins de penser que l'un seroit un embarras pour l'autre, ce qu'apparemment les premiers Peuples ne crurent point.

3. Le troisieme alphabet devoit paroître plus simple aux Egyptiens, au moins s'il en faut juger de nous à eux; car ces premiers Peuples, disent les Philosophes, ne connoissoient d'autre éducation que les grands principes que doivent donner les pauvres à leurs enfans d'aimer son prochain comme soi même, & Dieu par-dessus tout, & enfin ce qui peut rendre sage, savant & Artiste, distinguant les Arts utiles à la vraie splendeur de la Patrie, & ceux nécessaires aux hommes, d'avec ces Arts perfides que l'homme ne regarde qu'avec indignation, lorsque, vers sa maturité, il conçoit que ces milliers de faux Arts dont il a été l'esclave l'ont conduit à ne rien savoir, & par conséquent à ne rien valoir. Que ceux, dans nos siecles gothiques, & on peut dire barbares, qui se croyoient intéres-

fes à notre ignorance avoient de malice, lorsqu'ils infinuoient qu'un Mathématicien n'étoit rien autre qu'un Sorcier! Jeunes gens, étudiez les Mathématiques fous des hommes libres & éclairés.

Ce troifieme alphabet n'étoit pas abftrait comme l'écriture cabaliftique; on pourroit même foupçonner qu'il fut & fera toujours employé le premier lorfque des cohortes, tombées dans l'oubli général de toutes Sciences, voudront commencer à s'entendre; mais les Egyptiens étoient dans ces momens une famille réunie & déja inftruite. Cet alphabet étoit fimplement ce que nous nommons l'écriture hyéroglyphique, qui a fervi de modele à nos emblêmes, à nos armoiries & même à nos rébus *ame*; *m* eft entre *e*.

C'étoient donc des figures parlantes; comme par exemple, *le Soleil*, *la Lumiere*, *le Feu*, annonçoient les attributs divers du Créateur; & cette écriture ne put pas fe perdre, parce qu'elle parloit à l'entendement de ceux qui, de la Syrie, de la Chaldée, de la Phénicie, & enfin de la Grèce & de l'Arabie, venoient visiter le pays des Sages.

Cet alphabet s'est perpétué jusqu'à nous par une raison simple & qui pourtant n'a pas frappé tous ceux qui ont écrit des hyéroglyphes, s'il faut en excepter *Otovenius* & tous ceux qui aux hyéroglyphes anciens ont substitué des emblêmes sur *Jésus-Christ*, sur l'Agneau paschal, &c.

C'est-à-dire, que les anciens hyéroglyphes & les emblêmes modernes conduisent nécessairement à aimer Dieu: dans le premier cas, parce que dans les ouvrages de sa divine volonté, le Ciel, la Terre, les Hommes, on voit sa grandeur, sa puissance, sa magnificence; & dans le second cas, on voit sa bonté, sa douceur, son humiliation même, pour nous engager à n'être pas orgueilleux; mais qui peut l'être sans ignorance, lorsqu'on regarde seulement la concavité des Cieux & les diamans qui y brillent de toutes parts ?

Après

Après ces trois premiers alphabets, le numérique, réservé aux seuls Mages, le cabalistique & le hyéroglyphique, venoient les alphabets du second rang.

4. Le premier alphabet du second rang, avoit sa source dans le premier du premier rang, puisqu'il étoit numérique : c'étoit, & c'est encore, n'étant pas perdu, la cote des feuillets depuis 1 jusqu'à 77 & le zéro ; & cela est d'autant plus vrai, qu'en suivant la cote des pages, le discours prend l'ordre historique ; ordre que ne pourroient procurer seuls les hyéroglyphes, puisque l'on tomberoit dans le cas des Antiquaires, qui expliquent les hyéroglyphes un à un, lorsqu'ils ont été liés, pour en former des discours entiers.

Oui, en suivant les hyéroglyphes, tel qu'on fait des tableaux d'une galerie, on lit pour commencer l'objet principal par où dûrent débuter les Sages.

1, Dieu voulant créer & se manifester à des Êtres physiques & moraux,

C

2 °. En six jours les vingt-un principaux ouvrages du Créateur. 3°. Le repos. 4°. Les Vertus cardinales, qui sont figurées dans la *Genese* par ces paroles : *Dieu bénit son ouvrage.*

Sans les quatre Vertus cardinales, avons-nous dit ailleurs, l'homme, sorti du chaos, n'eût pu soutenir aucune lumiere morale ni physique ; il eût été ce que nous avons vu de ce malheureux que le sage *de Malherbe* fit sortir d'un cachot, où il étoit tenu depuis près de quinze ans ; un Être, disons-nous, dont les sens ne découvroient plus que troubles & abîmes.

C'est, nous diront nos Elèves déja un peu instruits, l'écriture hyéroglyphique ou les hyéroglyphes qui donnent le sujet historique. Cela est vrai ; mais il falloit que les feuillets fussent cotés ou rangés en leur place, sans quoi vous n'eussiez lu que des fragmens historiques, à-peu-près dans le sens que vous en lisez lorsque vous ne voulez que voir en *substance* ce qu'est le corps entier d'un Ouvrage.

5. Le second alphabet du second rang, est celui que nous a tracé *de Gébelin*; c'est le septenaire dont nous avons parlé ci-devant, à la remarque près que ce Savant l'ayant vu palpable, n'a pas pris le soin d'en retirer l'intelligence que voici, égard à cet alphabet du second rang.

Le septenaire ayant indiqué le grand alphabet du premier rang 1. 2. 3. 4. 5. 6. 7. indique non un autre alphabet que le septenaire, tel qu'on le voit par les différens ordres des feuillets & par leur nombre dans l'assemblage des livres, mais ici en ce qu'il faut lire hyéroglyphiquement de 7 en 7 lames, 7. 14. 21. & ainsi arrivé à l'avant-derniere lame 76, le zéro n'ayant pas été dérangé de la vingt-deuxieme place, il faut que les feuillets 6. 13. 20. soient lus & compris en second, ainsi jusqu'à ce que tous les feuillets soient venus & alors rangés devant soi suivant l'ordre de leur sortie; ce qui ne peut pas se faire plus facilement qu'en ayant deux

Livres de *Thot*, un qui conduit & l'autre que l'on emploie en relevant toujours les septiemes feuillets ; ce qui, dans ce nouvel arrangement, donne la premiere intelligence du septenaire, mais non l'alphabet du septenaire, qui est celui que *de Gébelin* nous a parfaitement indiqué, & que nous venons de répéter.

6. Le troisieme alphabet du second rang en renferme quatre autres du troisieme rang, & les voici toutes les cinq, à la satisfaction de plusieurs personnes studieuses de la Science des Mages, les unes étant en France, & les autres chez l'Etranger.

Dans le second alphabet du premier rang, c'est une maniere plus ou moins savante d'arranger, mélanger, joindre, renverser en tous sens (1) les douze

---

(1) *Si nous n'avions pas un rapport frappant à opposer à ce qu'on peut penser qu'il n'y avoit donc aucun ordre, nous serions taxés d'une maniere peu*

lettres cabalistiques; mais dans ce troisieme alphabet du second rang, c'est simplement une Science de savoir disposer & mettre en nombre convenable les quarante derniers feuillets du Livre de *Thot*, nommés les Quatre ou les Quarante du Denaire; les Dix de Bâtons, ou Carreau, offrant l'Agriculture; les Dix de Coupes, ou Cœur, offrant le Sacerdoce; les Dix d'Epées, ou Pique, offrant la Puissance suprême, la Royauté; & les dix de Deniers, ou Trefle,

―――――――――

honnête, suivant la coutume de ceux qui jugent trop précipitamment; mais voici notre appui.

Un sujet quelconque ne se rapporte jamais de la même maniere; néanmoins la vérité peut être en l'un & en l'autre. Un même sujet, peint par cent Artistes, n'est pas composé de la même sorte, & tous annoncent le même trait historique avec plus ou moins d'intelligence dans la composition.

la Monnoie, le Commerce & les détails de la Fortune.

Ces quarante feuillets mélangés en cette sorte, 10 de Bâtons, 10 de Coupes, 10 d'Epées, 10 de Deniers, 9 de Bâtons, 9 de Coupes, & ainsi jusqu'à la fin, offrent le troisieme alphabet du second rang, & les quatre alphabets qui dérivent de lui, sont simplement les dix lames de Bâtons, de Coupes, d'Epées & de Deniers seuls à seuls. Nous reviendrons tout-à-l'heure sur nos pas.

On doit remarquer dix alphabets ; trois grands, trois moyens & quatre petits : mais comme nous avons dit qu'il en étoit encore soixante-dix-sept autres, ce seroit à tort que l'on se dégoûteroit de l'étude du Livre de *Thot*, n'y ayant véritablement que le grand alphabet numérique qui soit, faut il dire, introuvable, malgré que l'entendement croit à chaque instant le dévoiler.

Si un zéro, qui n'est rien, est pourtant aussi conséquent dans une regle arithmétique qu'un nombre, il faut croire que tous les alphabets du troisieme & du quatrieme rang, qui sont peu de chose, sont néanmoins autant que les grands alphabets, lorsque la nécessité les y appelle. Oui ; & si nous pouvons soustraire quelque alphabet, ce ne peut être que le grand, nommé *numérique*, en tant qu'il ne soit pas question de haute Magie ; & ainsi nous pouvons un peu moins laisser aller la cabalistique, mais aucunement toutes les autres, & sur-tout les petits alphabets, qui, comme je dis, sont, je crois, au nombre de soixante-dix-sept ; & c'est, le Ciel & les Savans nous aidant, ce que nous enseignerons.

Le grand alphabet, nous l'avons dit, n'étoit connu que des Sages ; mais les Sages, avons-nous pensé, n'ont jamais rejetté dans le Nil les biens que le Ciel leur prodiguoit sur la Terre : ils ont célé de voix leur grand alphabet ; ils ont encore eu la plus grande attention de ne pas le rendre littéral dans le Livre de *Thot*; mais sous quelque emblême qu'ils aient jugé à propos de le céler, il est très-certain qu'ils l'ont tracé dans ce précieux Livre, puisque nous en avons des preuves, non seulement par la chaîne des événemens que nous pronostiquons, au grand étonnement de ceux qui nous consultent, mais aussi par d'autres phénomenes non moins intéressans pour nous & pour nos semblables.

Le second alphabet, l'écriture cabalistique, est un peu plus à notre connoissance que l'alphabet numérique-cabalistique; le peu que nous en avons dit, fruit de beaucoup de tâtonnemens, doit être, nous nous le persuadons, d'un grand secours pour ceux qui cherchent à développer cet antique alphabet, qui, nous le maintenons, est antérieur aux caracteres Chaldéens & autres. Quant au troisieme alphabet, les Allégories, le Soleil, un Arbre, &c. nous en avons autant que le bon sens

& la lecture des Ouvrages sur les hyéroglyphes égyptiens peut en donner à ceux qui s'y appliquent. Exemple :

Le Fou, ou le zéro du Livre de *Thot*, ayant été rendu sous un de ses côtés par *de Gébelin*, d'après *Horace*, c'est-à dire un méchant qui veut étourdir ses remords & échapper au tigre qui l'arrête aux jarrets, ou se soustraire à la punition qu'il mérite, nous devons aussi prendre ce hyéroglyphe sous un autre côté, ou mieux sous le sens opposé, suivant l'intention des graves Auteurs de ce Livre.

Le caractere du zéro o qu'il porte, est la figure du cercle d'où le zéro a été tiré. Le zéro a donc deux faces.

Le Fou, ou mieux l'Homme, a de même deux côtés opposés : celui de sa nature matérielle se lie avec ses vices moraux & physiques, & le côté de sa nature spirituelle se lie avec ses vertus morales & physiques.

Otez l'Homme matériel, dépouillez-le de ce travestissement qui le déshonore, rendez-le à lui-même, vous trouverez au lieu d'un insensé, un sage, emportant ses Dieux pénates, & non de la monnoie, qu'en ces tems il n'y avoit pas, & enfin fuyant les méchans qui le perfécutent.

Cette application n'est pas plus forcée que celle d'*Horace*, qui avoit en vue son sujet, tel qu'il le considéroit.

Que le costume de cette figure annonce le délire, soit; mais n'avons-nous pas dans l'Histoire le trait d'un Philosophe qui, pour se faire jour au travers d'une foule de peuple & en être écouté, prit un acoûtrement fantasque? Enfin, c'est en prenant, suivant les cas, le hyéroglyphe dans son intérieur, qu'on suit des passages du Livre de *Thot*; & cela est encore un des petits alphabets, puisque sans cette transmutation d'un sujet en un autre, celui que l'on suit est à l'instant coupé par des lacunes.

Le quatrieme alphabet, ou le premier du second rang, étoit indispensable; sans lui, on ne pourroit reconnoître que Dieu, ses ouvrages & les Vertus cardinales dont il les scella, fussent le point de départ des Sages; aussi beaucoup de nos Philosophes Herméticiens & autres, n'ont pas manqué de prendre pour exemple cette grande maniere d'écrire ou de s'exprimer, tel a fait *Trismégiste*, en sa belle Priere, sect. 26 du *Pimandre*, Dieu est Saint.....; ainsi au *Coran*, Sura 2, Dieu, il n'y a pas d'autre Dieu que lui. *Moyse* même, qui a sans doute donné l'exemple à tous les Philosophes qui ont ignoré le Livre de *Thot*, n'a-t-il pas commencé à la maniere de nos Choens, lorsqu'il dit, chapitre & article premiers de la *Genese*: Dieu créa au commencement les Cieux et la Terre? Est-il possible de voir un début plus sublime, plus poétique & plus oratorien, Dieu, le Ciel & la Terre?

Ce premier alphabet du second rang, ou ce quatrieme alphabet, est, comme nous l'avons dit, la cote des pages depuis 1 jusqu'à 21 & zéro, & depuis

22 jusqu'à 77. Il ne fut pas ignoré de *Raymon Lule*; c'est dans le Livre de *Thot* où il a puisé son art oratoire. Dieu avant l'homme, l'homme avant les animaux, les animaux avant les brutes, l'écoulement de tous les Êtres, & tous leur correspondance au Créateur, qui a placé chaque sujet au lieu seul où il pouvoit & devoit être.

Le second alphabet du second rang, ou le cinquieme, étoit le septénaire dont nous avons assez parlé.

Le troisiéme alphabet du second rang, ou le sixiéme alphabet, est, comme nous avons dit, le mélange des quarante dernieres & basses Cartes, ou les dix dernieres de chaque séquence, lesquels hyéroglyphes remis tels qu'ils étoient jadis sur les lames, & placés en totalité ou en partie sur l'autel dans la premiere enceinte du Temple, annonçoient les sujets d'allégresse ou les fléaux de la nation.

Oui, les Bâtons ou verges des Mages, les Coupes augurales, les Epées ou

Glaives de la Justice & les Deniers ou petits Dieux de la nation (1), étoient différemment faits & différemment placés qu'ils ne le sont sur toutes les copies qui nous sont parvenues.

7. Le septième alphabet, ou mieux le premier du troisième rang, étoit simplement composé des dix dernieres

---

(1) *Les petits Dieux, ou comme a mieux dit Iamblique, les diverses manieres de rendre aux sens les bienfaits de Dieu; ce qui ne fut pas par suite de tems chez les troisiemes Egyptiens & peut-être encore moins chez sous les Idolâtres, qui, malgré leur absurdité, eurent la force de répudier les Enchanteurs, tantôt comme étant Sorciers, d'autrefois comme des méchans, & le plus souvent comme n'étant que des fripons, sans nulle connoissance de vraie ou de fausse Magie, ce qui est presque général aujourd'hui, y ayant très-peu de Magiciens, & je le sais, encore bien moins de Sorciers.*

Cartes de Bâtons ou verges, que l'on posoit depuis 1 jusqu'à 10 suivant les cas, & leur nombre & leur disposition annonçoient l'abondance ou la disette des denrées.

Un seul Bâton étoit le signe de l'abondance, comme celui de dix formant un T, & celle-ci étoit plus générale, quoique l'une & l'autre donnée à la bonté de Dieu. Sept bâtons annonçoient que par l'économie & la bonne administration les magasins publics étoient remplis & qu'on pouvoit aider les étrangers.

Neuf Bâtons sur une ligne diamétrale, annonçoient l'espérance, & déja les apparences de la récolte qui seroit abondante. La file des Bâtons obliques, n'annonçoit que l'espérance : si cette ligne étoit directe, elle étoit le signe de la priere pour que le Créateur bénisse les travaux de la campagne.

8. Les Coupes, annonçoient les devoirs du Temple, les besoins des Mages, les schismes, &c.

9. Les Epées, annonçoient la paix, la guerre, les troubles, & tout ce qui dépendoit de l'Art militaire & des grandes & premieres charges.

10. Les Deniers en relief & rond de bosse, n'étoient sans doute pas les petites rosettes, ou, comme on les nomme, les Deniers que nous voyons aujourd'hui sur ces Cartes, c'étoient les petits Dieux d'Egypte (1), ou, pour nous expliquer de maniere à être entendu de tous Lecteurs, ils étoient les attributs emblématiques ou allégori-

---

(1) *Du tems des premiers Egyptiens, on réunissoit les attributs ou les bienfaits de Dieu à dix objets principaux, comme nous les citerons; & par suite, sous les seconds & sous les troisiemes, on les envisagea sur le nombre 40, comme les Hébreux sur 50, jusqu'à ce qu'enfin on fit sur chaque objet particulier un hyéroglyphe qui se nommoit chez les Egyptiens même ex voto.*

ques de la Divinité ; enfin, c'étoient dix des principaux antiques en bronze qui aujourd'hui, transportés de l'Egypte en Europe, font répandus dans nos Cabinets, parmi lesquels, il est vrai, il s'en trouve un nombre prodigieux de semblables ou d'approchans à ceux qui étoient dans le Temple, les autres ayant été fabriqués à leur imitation.

De ces attributs hyéroglyphiques de la grandeur & de la bonté de Dieu, est venu l'origine des talismans, & de ceux-ci, nos monnoies courantes, parce que ces talismans ou porte-bonheur étoient quelquefois échangés pour des choses utiles à la vie, lorsqu'on n'avoit rien autre chose qui pût être équivalent à ce qu'on avoit besoin, & ces petits Dieux furent en grande estime jusqu'au moment où il en fut de fabriquer par toutes les Nations.

Les premiers Copistes du Livre de *Thot* *, qui, nous le croyons, furent

---

* *En général, nous prévenons es-*

plus les Arabes que les Grecs, n'ont pas substitué par ignorance, sur les lames

___

sentiellement les Lecteurs que l'alphabet des lettres cabalistiques étoit le seul dont on se servoit pour écrire dans les choses ordinaires de la vie ; que le nombre des lettres augmenta à mesure que la Nation égyptienne reçut des Etrangers & des objets de luxe ; que l'alphabet numérique servoit à tracer tout ce qui étoit pour être voilé ; que l'alphabet hyéroglyphique étoit littéral & en même-tems mystique ou secrette, renfermant les premiers points de la morale & les seconds points des Sciences occultes.

Ces alphabets indiqués dans le Livre de Thot, & servant à le développer, les Sages crurent, afin de le sauver de l'oubli, donner à ce Livre des alphabets qui feroient reconnoître les autres, tel est celui du septenaire & même du quartenaire, dont Platon a parlé d'une maniere à n'être pas entendu de tous les hommes.

du Livre de *Thot*, des Deniers aux Porte-bonheur, mais parce qu'ils con-

---

Les alphabets que nous indiquons du second & du troisieme rang, ne sont donc applicables qu'au Livre de Thot ; *& le Livre de* Thot, *non-seulement a été laissé en feuillets, mais encore par tableaux, visibles à toute la nation & aux Etrangers.*

Celui que nous offrons, en est un; & quoique nous ne l'ayons rencontré que numériquement comme nous le figurons, nous n'avons guère eu de peine à juger qu'il se rapportoit au Tharoth, ce Livre nous étant plus familier que bien des objets, même de nécessité. Mais voici une preuve que le Tharoth a été communiqué aux Etrangers ; nous la puisons dans le même Ouvrage de de Gébelin. Il dit, page 387, article V, *Rapport de ce Jeu avec un monument Chinois :*

« M. BERTIN, *qui a rendu de si
» grands services à la Littérature par
» les excellens Mémoires qu'il s'est pro-*

sidererent ceux-ci comme monnoie. *Laban* donna des Porte-bonheur à *Ja-*

》 curés & qu'il a fait publier sur la
》 Chine, nous a communiqué un mo-
》 nument unique.... qu'on fait remon-
》 ter aux premiers âges de cet Empire.....
》 au desséchement des eaux du déluge
》 par Yao.
》 Il est composé de caracteres qui
》 forment de grands compartimens en
》 carrés, longs, égaux, & précisément
》 de la même grandeur que les Cartes
》 du Jeu des Tarots.... Ce monument
》 est donc composé de 77 figures......》

Ce morceau est sans doute très-inté-
ressant, & demande absolument à être
lu.

Sur le simple récit de de Gébelin,
nous démontrerons que le zéro n'en est
pas exclus; que les caracteres qu'ils
n'annoncent pas les mêmes, sont relatifs
à l'égyptianisme en général; & enfin,
dressant la table ou l'arrangement des
lames, tel qu'il indique (n'ayant pas

En Ja cob; ~~Anchife~~ sauva son pere & les Dieux de la maison paternelle, d'un incendie. Le Temple des Juifs avoit des têtes de Chérubins ; le Veau d'or fut fabriqué comme petit Dieu ; mais la confiance surpassoit alors la seule morale des hyéroglyphes, & on ne peut s'empêcher de le dire d'après des Savans & d'après notre propre expérience, le chemin uniquement scientifique au bonheur.

Nous disserterons sur toutes choses relatives au Livre de *Thot* d'une maniere plus finie à mesure que nous suivrons nos leçons, disant ici pour conclure que les cinq derniers alphabets étoient le langage, les conseils, les sages avis

---

jusqu'a ces momens porté nos vues sur le sentiment reçu, ce qui ne nous mérite pas la confiance vulgaire), nous démontrerons de même que la lecture du Livre s'y rapporte avec autant de simplicité qu'on le verra par notre tableau, si on arrange les feuillets dans l'ordre où ils sont placés.

& la prédication muette que faisoient les Choens à la nation & aux Etrangers qui alloient les visiter, & cette maniere de faire entendre les pensées avoit le même avantage que nos livres dans l'arrangement de nos lettres alphabétiques dont nous allons bientôt parler.

Pour découvrir les vérités que nous offrons, il ne faut que réfléchir au silence de tous les Philosophes qui furent visiter les Mages de l'Egypte, de la Chaldée, de l'Inde, & ailleurs ; tels furent *Pythagore*, *Démocrite*, & autres : on verra, disons-nous, comment, sans être obligé d'ordonner le silence, chacun concevoit qu'il étoit nécessaire de le garder.

Il faut de même jetter les yeux sur les Sages qui, en fuyant, vinrent s'établir dans la Gaule sous le nom de *Druides*. Outre le plus grand silence qu'ils exigeoient, ils ne vouloient ni lecture, ni écriture, prévoyant ce qui est arrivé de l'*esprit* des Arts inutiles, enfin des Sophistes & leur sophismes, au lieu & place de la vraie science & de la sagesse pure & simple qui ne fomente aucun trouble.

Voici un autre passage de *de Gébelin*, dans la même Dissertation du Jeu des Tarots, même volume cité en commençant, mais que ce Savant n'a pas approfondi.

Les Atouts, au nombre de vingt-deux, représentent en général les Chefs temporels & spirituels de l'Agriculture, les Vertus cardinales, le Mariage, la Mort, le Jugement & la Résurrection ou la Création, les divers jeux de la Fortune, le Sage & le Fou, le Tems qui consume tout, &c. On comprend ainsi d'avance (continue de Gébelin) que toutes ces Cartes sont autant de tableaux allégoriques relatifs à l'ensemble de la vie, & susceptibles d'une infinité de combinaisons, &c.

Voilà donc, dirons-nous encore, l'idée de l'un de nos soixante-dix-sept petits alphabets, puisque chaque hyéroglyphe par lui-même peut former un discours;

& si nous faisons attention que deux ou plusieurs hyéroglyphes changent le sujet, toutes les fois qu'on permute les lames, ce sera encore un des petits alphabets de trouvé, celui-ci sous le nom d'alphabet général de permutation des feuillets ; car la permutation des livres est justement la base de l'alphabet nommé septenaire.

Les Sciences & les Arts humains sont le fruit *primo* d'une effervescence de la Nature sur notre entendement, & *secundo* de la comparaison des objets environnans & antécédans, n'ayant pas l'imbécillité de donner rien au *hasard*, qui est le miroir où le sot fixe tout ce dont il ne voit pas la chaîne d'une volonté suprême ou celle d'une progression naturelle de connoissances humaines.

C'est donc les permutations des Egyptiens dans leurs nombres, dans leurs lettres cabalistiques & dans leurs hyéroglyphes, qui ont aussi donné l'idée des permutations dans les nombres, dans les lettres & dans le coloris des langues par la transposition des mots.

C'est donc en général, sans s'en être encore rendu raison, par les nombres, qu'on a senti ce mouvement énergique dans le discours orateur, & tout cela se voit par principes dans le Livre de *Thot*.

C'est en faisant usage de toutes les données que nous avons offertes, que nous espérons que les Savans nous ferons part de leurs découvertes sur ce précieux Livre, dans lequel nous ferons remarquer cette Echelle de *Jacob*, qui, posée sur la terre, touche de son extrémité opposée la voûte des Cieux, les Roues d'*Ezechiel*, la Chaîne d'*Homere*, les Anneaux de *Platon*, & notre idée des *frottemens*.

Une remarque assez étonnante, nous a conduit naturellement à plusieurs autres. Si on veut lire l'Histoire, il faut, comme nous l'avons fait entendre plus haut, suivre le Livre de *Thot* sous un point de vue, & ne jamais s'en s'en écarter ; de même la morale, il en faut prendre le sens, & dès-lors les hyéroglyphes n'offriront plus que de la morale ; ainsi des Sciences & des Arts, ce qui revient à un des alphabets indiqués par *de Gébelin*.

Sur les anciens monumens, jusqu'à l'époque même de nos antiques bâtisses, on y mettoit toujours des nombres, des lettres cabalistiques (1), nommées ainsi, parce qu'elles venoient de toute antiquité, & des hyéroglyphes parlants ; & c'est en suivant l'étude que nous offrons, que nous pourrons parvenir à déchiffrer ce qu'aucun Antiquaire n'a encore pu lire avec cette précision qu'exigeroit l'Histoire courante des Peuples primitifs.

On sait que, pour déchiffrer une langue, même un jargon que l'on n'a jamais entendu, il n'est question que d'avoir quelque discours ; il en est de même du

─────────────────

(1) Réfléchissez, je vous prie, si les noms de Dieu en caractères hébraïques, ne sont pas de vrais hyérogliphes.

Livre de *Thot*, qui, étant un Livre entier, donne la plus grande facilité d'en reconnoître le principal alphabet, qui, aux yeux des Antiquaires, sera d'abord l'hyéroglyphique.

Si on ne sent en cela, comme dit ma chere petite *Etteilla*, âgée de quatre ans, que de la raison toute pure, pourquoi n'admettroit-on pas que nous avons trouvé d'autre alphabet ? dans ce cas, ce ne seroit pas de la raison, ou c'en seroit qui ne cadreroit pas avec nos connoissances ni avec le petit amour-propre des Européens, à qui toutes Sciences doivent être soumises.

Si nous ne lisions pas couramment plusieurs passages du Livre de *Thot*; si *de Gébelin* même, qui n'a feuilleté ce précieux Livre que le tems qu'il mit à en écrire, sans le *repasser vingt fois*, comme dit *Boileau*, n'en avoit pas tracé des passages tout particuliers, nous n'irions pas hasarder une volonté de lire, comme une science de pouvoir lire.

Je ne m'en rapporte qu'à mes yeux

(75)

pour arranger les feuillets du Livre de *Thot*, tantôt dans un ordre progressif arithmétique, & tantôt suivant les autres alphabets. A l'inſtant, je lis un ſujet devant un Lecteur inſtruit, qui convient ſur-le-champ que ce que je prononce eſt dans tel Auteur ancien ou qui a écrit de l'Hiſtoire ancienne, ſoit ſacrée, ſoit prophane (1).

Il n'y a aucune merveille à cela; car ſi on me donne des lettres grecques ſans ſavoir cette langue, plaçant les lettres comme elles viendront, je formerai ſans doute quelques mots grecs, mais, obſervez bien, jamais l'Hiſtoire de la Grèce.

Pourquoi quelques faux Savans, & preſque auſſi ſouvent de vrais Savans, trop occupés ou fatigués du travail, ſeroient-ils contraires à ce que le Jeu *Tharoth* ſoit le Livre de *Thot*, dans

―――――――――――

(1) *Le Livre de* Thot *offre des ſujets plus modernes que lui, parce que ces ſujets ſont des copies d'après les Egyptiens.*

D 2

lequel on puisse lire, lorsque tous sont convenus que le Jeu de Cartes françaises, qui n'est, comme l'a assez prouvé *de Gébelin*, qu'une copie des Jeux méridionaux, & ceux-ci du Tharoth, contient l'histoire d'un Quadrille ou Tournois donné sous *Charles VI* ?

On ne peut faire un pas dans la lecture du Livre de *Thot* sans être émerveillé. On voit d'un côté qu'en général tout nous vient des Peuples primitifs; mais qu'on a tout laissé altérer, pour ensuite le perfectionner; ce qui alors se rapproche généralement d'eux. En voici un exemple frappant sur la langue française, que l'on devra à un homme qui n'est pas Grammairien, & qui pourtant ne l'a pas rencontré par hasard, mais parce qu'un sujet en amene un autre.

La Langue Françoise, & toutes les Langues, sont des dérivés de celles qui leur sont antérieures; ainsi le Grec, le Latin, &c. dans lesquelles il est entré des mots techniques, & des mots patois ou corrompus. Il en est de même de toutes choses, qui s'éloignent de leur origine.

De toutes piéces se forme une langue plus ou moins riche, suivant les Savans en tout genre de la Nation; car les Grammairiens ne sont, à proprement parler, que les *habilleurs*, qui encore ont chacun leur méthode. Voici le sublime antique dont on cherche à se rapprocher, & le défectueux dont on ne sortira pas.

1. On jettera en bas beaucoup de doubles lettres. 2. On aura toujours des doubles lettres, parce qu'on ne voudra pas, comme au mot *neir*, qui ne signifie rien, employer toutes les permutations des lettres; & enfin quoique plus de cent ans avant V.... un Auteur ait proposé d'écrire comme on parle, *François* par *ai*, on tiendra long-tems *oi* parce qu'un bien peut occasionner un mal. Il est à propos de terminer.

Sur le peu que nous possédons de la science de lire dans le Livre de *Thot*, autant que sur le sentiment de feu M. de

Gébelin, qui nous a assez démontré que le Jeu des Tarots étoit le Livre de *Thot*, nous nous proposons d'être le Copiste des Savans de l'Europe, de mettre au jour leurs découvertes, & enfin de les encourager par les nôtres, cent fois remises sous nos yeux depuis vingt ans.

Nous cherchons en Egypte & partout ailleurs des traces de l'antique; notre but est sans doute la vérité historique : nous cherchons même à lire dans les tems moins reculés, puisque nous faisons main basse sur les monumens, les parchemins, & faut-il dire les plaques de cuivre presque pétrifiées dans *Herculanum* ; pourquoi négligerions-nous le Livre de *Thot*, que l'on peut se procurer sans peine & sans frais?

Nous avons prouvé plus que suffisamment dans notre Tarot, second Cahier, *page* 39 *& suiv.*, que nous faisions plus qu'épeler le Livre de *Thot*; nous venons, par des raisons assez sensibles, de démontrer que nous avions une premiere intelligence de ses alphabets ; nous pouvons donc espérer qu'étant aidés, nous irons plus loin.

Enfin, nous terminons par dire, que fatigué d'étudier seul, nous désirons trouver de vrais Artistes qui ne soient pas arrêtés par nuls faux égards ; ce qui nous portera non-seulement au développement du Livre de *Thot*, mais suivant la route que nous prenons, à lire l'écriture cabalistique (voyez pages 43, 56 & autres) que les Savans regardent comme pur caprice d'imagination, & les ignorans comme des signes d'une odieuse magie ; deux extrêmes qui nous voilent le vrai historique antique. Enfin pour encourager tous les hommes à cette sublime étude, nous allons offrir cent trente-trois premieres Questions, inscrites dans ce savant Ouvrage égyptien, desquelles Questions & Réponses nous enseignons la lecture en six Leçons, à 3 livres chacune.

TABLEAU

Des Questions tracées dans le Livre de THOT.

1. Qui suis-je parmi les hommes (1) ?
2. Mes affaires s'éclairciront-elles ?
3. Pourrai-je prévoir à la calomnie ?
4. Serai-je dépouillé de mes espérances ?
5. Mon voyage sera-t-il heureux ?
6. Mon expérience me servira-t-elle ?
7. Serai-je appuyé ?
8. Qui suis-je parmi les femmes ?
9. Ma principale vertu est-elle d'être juste ?

---

(1) Cette question a plusieurs sens, qui, comme toutes les autres, amene des réponses véridiques au point de jetter dans l'admiration.

10. Ma principale vertu est-elle d'être tempéré ?

11. Ma principale vertu est-elle d'être fort ?

12. Ma principale vertu est-elle d'être prudent ?

13. Quelle sera l'issue du mariage ?

14. Aurai-je la force majeure dans ce qui m'occupe ?

15. Quelle sera ma santé ? *ou* l'issue d'une maladie ?

16. Mon jugement sur les autres & les autres sur moi ?

17. Parlez-moi de la mort ?

18. Prévenez-moi de toute trahison ?

19. Subirai-je la prison *ou* une extrême misere ?

20. Deviendrai-je puissamment riche ?

21. Aurai-je des dissensions ?

22. Quelle sorte d'hommes m'intéressera le plus ?

23. Quelle sorte de femmes m'intéressera le plus ?

24. A quoi dois-je me fixer ?

D 5

25. Etrangers me seront-ils propres ?
26. Me trahit-on, & dois-je me défier ?
27. Les retards sont-ils à leur fin ?
28. Irai-je à la campagne ?
29. Dois-je aller parler ?
30. Parlez-moi de l'ordre dans mon Domestique ?
31. Vais-je toucher de l'or ?
32. Ma Société est-elle honnête ?
33. Dois je entreprendre ?
34. J'ai bien des chagrins, que dois-je faire ?
35. Aurai-je des enfans ?
36. Désignez-moi mon vrai ami ?
37. Désignez-moi ma véritable amie ?
38. Arrivera-t-il sans retard ?
39. Qui sera lié à ma vie, garçon ou veuf ?
40. La Ville, la Province ou l'Etranger, quel m'est le plus favorable ?
41. Remporterai-je la victoire ?
42. Quelle sera liée à ma vie, fille ou veuve ?

43. Sur quoi dois-je arrêter ma pensée ?

44. Le passé fait-il loi sur mon avenir ?

45. Puis-je espérer sur héritage ?

46. Mon ennui naît-il du moral ou du physique ?

47. Dois-je espérer de réussir ?

48. Mon amour est-il bien fondé ?

49. L'abondance sera-t-elle dans ma maison ?

50. Mes Juges seront-ils pénétrés du fond & de la forme de ma Cause ?

51. Serai-je veuve ; *ou* veuf ?

52. Quel État, Science, Art, Commerce, Robe, Epée, vient à mon Génie ?

53. Epie-t-on ma conduite, mes démarches ?

54. Mes larmes sont-elles folles ou légitimes ?

55. Que dois-je penser du célibat qui me flatte : le résultat ?

56. Dois-je appréhender d'honteuses maladies ; *ou* y a-t-il un affreux que j'ignore ?

57. Dois-je me livrer à mes espérances ?

58. Aurai-je ce que l'on m'a promis ?

59. Retrouverai-je ma perte ?

60. Quel chemin pour rentrer dans le monde ?

61. Sortirai-je bientôt de mon inquiétude ?

62. L'amitié que l'on me témoigne est-elle véritable ?

63. Le résultat d'une forte passion ?

64. Dois-je compter sur un homme ?

65. Dois-je compter sur une femme ?

66. Est-il vrai que l'on veut m'être utile ?

67. Dois-je écouter une personne ?

68. Soutiendrai-je ma maison ?

69. Aurai-je des effets, *ou* retirerai-je des effets ?

70. Que deviendront des propos ?

71. Va-t-il me rentrer de l'argent ?

72. Comment dois-je passer le présent ?

73. Dois-je m'attacher à une personne ?

74. Recevrai-je un préfent ?
75. Agira-t-on noblement ?
76. Sortirai-je de mes embarras ?
77. Aurai-je parfait contentement ?
o. Quelle fera ma plus grande folie ?

Seconde face des hyéroglyphes.

78. Dois-je avoir recours à un homme bon, mais févere ?
79. Dois-je prendre à charge une perfonne ?
80. Dois-je brifer avec qui je penfe ?
81. La nouvelle que j'ai apprife eft-elle véritable ou fauffe ?
82. Comment relever les obftacles qu'on oppofe à ma réuffite ?
83. Je fuis bien traverfé ?
84. La diverfité de mon caractere, mes difputes avec moi-même, dépendent-elles du moral ou du phyfique ?
85. L'indécifion de quelqu'un durera-t-elle encore long-tems ?
86. Quelle terminaifon fera de l'attente que j'ai ?

87. Aurai-je un procès ? *ou* quelle sera l'issue d'un procès ?

88. Fleurirai-je ?

89. Mes peines vont-elles courir à leur fin ?

90. Quelle sera ma premiere surprise ?

91. Ne dois je pas me défier de la premiere victoire que j'ai ?

92. Dois je rompre avec quelqu'un qui ne me donne que des espérances ?

93. Je voudrois briser avec une femme, mais je crains sa médisance ; cela m'inquiete ?

94. Je crois que je suis trompé ?

95. Ce dont je me flatte m'est-il propre ?

96. Croyez-vous que je perdrai ; consultez votre Art ?

97. Me parle-t-on vrai ?

98. Aurai je de l'agrément dans une fête où je me propose d'aller ?

99. Ferai-je bien de m'attacher au projet qui m'occupe ?

100. Quel sera mon avenir ?

101. Que pensent des parens

102. Aurai-je quelques nouvelles connoissances utiles ?

103. Aurai-je prompte expédition ?

104. Ce que je desire aura-t-il lieu ?

105. Y aura-t-il un changement ?

106. Que pense un homme qui a de la haine contre moi ?

107. Une méchante femme me surmontera-t-elle ?

108. Comment punir un fat ?

109. Qui peut m'arriver d'imprévu ?

110. Un événement fâcheux reviendra-t-il à mon avantage ?

111. Dois-je avoir juste défiance ?

112. Quel sera le résultat d'une trahison connue ?

113. Donnez-moi des avis au-dessus de l'ordre du raisonnement ? —*sur quoi.*

114. Me déclarera-t-on de l'amour, & y répondrai-je ?

115. Y aura-t-il bientôt un deuil ? — *de qui.*

116. Dois-je économiser, ou si la Fortune suivra mes dépenses ?

117. Que sont devenus des effets; sont-ils pris ou égarés ?

118. Ai-je de faux amis, ou ai-je des amis inutiles ?

119. Y a-t-il grossesse ?

120. Que dois-je penser d'un homme qui est vraiment sans mœurs ?

121. La route que j'ai prise me paroît peu sûre; y en a-t il une autre ?

122. Comment être utile à un honnête homme qui a de la conduite & des mœurs ?

123. Je voudrois m'arrêter au milieu de ma prodigalité ?

124. Gagnerai-je à la Loterie ?

125. Suis-je dupe de ma confiance ?

126. Dois-je décidément me confier à l'usure ; le cas est urgent ?

127. Je suis bien inquiete ?

128. L'ambition me protégera-t-elle ou me renversera-t-elle ?

129. Quel chemin dans le trouble de mes affaires ?

130. Sortirai-je bientôt du cloître ?

131. Aurai-je des enfans ? *ou enfant* prospérera-t-il ?

132. Dois-je écrire ? recevrai-je des lettres ?

133. J'attends beaucoup d'argent ; l'aurai-je ?

Voici d'autres Questions prises du ETTEILLA, *qui, comme nous l'avons souvent répeté, n'est qu'une copie du Livre de* Thot.

134. Le sentiment le plus général sur moi ?

135. Ai-je de vrais Amis ?

136. Aurai-je bonne issue de mon Procès ?

137. Réussirai-je dans mon Projet ?

138. En Amour serai-je heureux ?

139. Ferai-je fortune ?

140. M'est-on & me sera-t'on Fidèle ?

141. Serai-je heureux au Jeu ?

142. Pourquoi ai-je des Ennemis ?

143. Mes chagrins finiront ils bientôt ?

144. Quelle est ma Passion ?

145. Ai-je des Vertus?

146. Augmenterai-je cette année?

147. Ma fortune changera-t'elle?

148. Gagnerai-je à la Loterie?

149. Rentrerai-je en grace?

150. Aurai-je de bonnes Nouvelles?

151. Pour qui le Veuvage?

152. Suis-je aimée?

153. Irai-je à la Campagne?

154. Que sont devenus des Papiers?

155. Aurai-je bientôt de l'argent?

156. Mon Mariage sera-t'il heureux?

157. Suis-je Fille, Femme, ou Veuve?

158. Est-ce de l'esprit que j'ai, ou de la science?

159. Je suis pétrifié de Soucis?

160. Aurai-je les faveurs d'une jolie femme?

161. Aurai-je Garçon ou Fille?

162. Une de mes pensées aura-t'elle lieu?

163. Renouerai-je?

164. Ma vie sera-t'elle heureuse?

165. Suivrai-je l'état de mes Proches ?

166. Voyagerai-je ? sur terre *ou* sur eau ?

167. Ferai-je des Rivaux ?

168. Quels seront mes vertus & mes défauts ?

169. Serai-je marié jeune ?

170. Qui occasionnera ma plus grande fortune ?

171. Serai-je de Robe, d'Epée ou de Commerce ?

172. Suis-je & ferai-je remarqué dans la Société ?

173. Jouirai-je d'une bonne santé ?

174. Aurai-je beaucoup de Maîtresses, *ou* d'Adorateurs ?

175. Serai-je sujet à l'Amour, ou à quelque passion vive ?

176. Serai-je dur ou sensible envers les autres ?

177. Quelle route dois-je tenir pour devenir un homme distinctif ?

178. De qui tiendra l'amitié générale de mes proches & plus âgés, celle de mes Supérieurs ?

179. Serai-je favorisé de ce qu'on nomme *hasard* ?

180. Comment puis-je éloigner ma maladie ?

181. Quel mari épouserai-je, *ou* quelle femme ?

182. Courrai-je des périls dans ma vie ?

183. Aurai-je plusieurs femmes, *ou* plusieurs maris ?

184. Ai-je perdu ou m'a-t'on pris ce dont je suis inquiet ?

185. Ma femme me sera-t'elle fidelle ? Mon mari ? *idem.*

186. Serai-je obligé de faillir ?

187. Dois-je suivre mon penchant pour faire une bonne action ?

188. Pourquoi ne m'écrit-on pas ?

189. Serai-je attaché à la Cour ?

190. Serai-je instruit de ce qu'est devenu un absent ?

191. Dois-je craindre ou être assuré ?

192. Que m'arrivera-t'il de plus remarquable ?

193. De quelle maladie mourrai-je ?

(93)

194. Dois-je me livrer à mon attachement ?

195. Dois-je plaider ?

196. Comment se terminera ce qui m'occupe le plus ?

197. Rien ne me réussit ; pourquoi ?

198. Hériterai-je bientôt ?

199. Il est de mon intérêt de trahir ; que dois je faire ?

200. Quand mon sort trop critique finira-t'il ?

201. Vaincrai-je mes envieux & ennemis ?

202. Dois-je compter sur quelqu'un qui me fait espérer ?

203. Un objet délicat *ou* critique m'occupe ; que dois-je faire ?

204. Serai-je satisfait de ma curiosité ?

205. Réussirai-je en Hautes-Sciences ?

Pour résoudre une ou tel nombre de Questions que proposent les Curieux, il ne s'agit que de faire passer à l'Aureur, avec son salaire 6 liv. & les Numéros des Questions.

1°. L'an & le quantieme du mois que l'on est né.

2°. Les lettres initiales de ses noms de croyance.

3°. Le nombre pour lequel on a de l'affection.

Et 4°. la couleur que l'on préfere.

Voyez l'*Apperçu du Rigoriste sur la Cartonomancie & sur l'Auteur*, M. ETTEILLA, *Professeur d'Algebre, rue de l'Oseille, au Marais*, No. 48.

F I N.

www.ingramcontent.com/pod-product-compliance
Lightning Source LLC
LaVergne TN
LVHW050648090426
835512LV00007B/1083